PROJET
D'ASSOCIATION INDUSTRIELLE

POUR FAIRE SUITE AU PROJET D'ASSOCIATION AGRICOLE,

PAR UN PHILANTHROPE.

PARIS,

IMPRIMERIE DE JULES-JUTEAU ET Ce, RUE SAINT-DENIS, 345.

1849.

INTRODUCTION.

L'organisation de l'association agricole, qui doit assurer le bien-être de la population des campagnes, n'exige, comme nous l'avons vu, aucune modification de la législation existante ; il suffira, pour la réaliser, que quelques familles veuillent librement s'associer, et qu'elles trouvent les capitaux nécessaires aux frais de leur premier établissement, au taux de 3 p. 0/0, l'agriculture ne permettant pas de payer sans perte un intérêt plus élevé des capitaux, le sol produisant à peine ce revenu net en moyenne.

Tout cela se peut sans porter atteinte aux droits acquis, sans toucher à la liberté individuelle : chacun peut être agriculteur, c'est là la profession générale et normale.

Mais il n'en saurait être de même de l'industrie; celle-ci, comme toutes les professions non agricoles, est une profession exceptionnelle, qui ne peut être exercée par tous, qui rationnellement ne doit être exercée que dans l'intérêt général : car que deviendrions-nous si tous les agriculteurs désertaient les champs pour se livrer exclusivement à l'industrie ? Nous mourrions tous littéralement de faim.

Il faut donc poser des limites à la libre pratique de l'industrie, il faut régler l'exercice de toutes les professions industrielles, comme l'on a réglé déjà celui de quelques-uncs, dans l'intérêt général : on ne doit appeler à les exercer que les plus capables, et seulement au nombre nécessaire ; y en appeler plus qu'il n'en faut, c'est condamner l'excédant inutile à vivre dans la misère et l'oisiveté, tout en l'enlevant à la seule profession rigoureusement indispensable, l'agriculture, la seule où un accroissement de travail puisse être toujours un accroissement de produits utiles.

Les conséquences de ces principes sont :

Que tout individu doit pouvoir exereer la profession d'agriculteur ;

Que nul ne doit pouvoir exercer une profession exceptionnelle sans y être appelé par une élection quelconque.

Mais vous voulez donc, nous dira-t-on peut-être, rétablir les anciennes jurandes et maîtrises ?

Et pourquoi ne point les rétablir si elles pouvaient être mieux que la libre concurrence un obstacle à la misère, si elles pouvaient faire mieux que la libre concurrence le bonheur des travailleurs?

Est-ce que l'on peut être notaire, avoué, avocat, médecin, agent-de-change, commissaire-priseur, courtier, imprimeur, boucher même et boulanger dans beaucoup de localités, fonctionnaire public enfin, sans être reçu après examen, sans une autorisation, sans une élection quelconque ?

Et pourquoi pourrait-on être davantage cordonnier, tailleur, menuisier, serrurier, fabricant, marchand, négociant ?

Est-ce que ces professions, comme les autres, ne sont point établies dans l'intérêt général ?

Est-ce qu'elles doivent être dispensées plus que les autres de se soumettre aux nécessités de cet intérêt ?

Est-ce que toute la vie sociale et politique n'est point la soumission constante des volontés individuelles aux volontés générales ?

Et aujourd'hui encore, est-ce qu'un ouvrier industriel peut s'imposer ? Est-ce qu'il ne faut point qu'il trouve de l'ouvrage ? Est-ce que chacun n'est point libre de lui en refuser ?

Mais que l'on se rassure ; nous ne voulons rétablir ni les maîtrises, ni les jurandes qui étaient, comme la libre concurrence, l'exploitation de l'homme par l'homme, dans lesquelles les maîtres seuls faisaient comme aujourd'hui la loi : nous voulons seulement supprimer cette exploitation, par la création de l'association ; nous voulons fonder la liberté réelle des travailleurs par la suppression de la libre concurrence.

Avec la libre concurrence, avec la libre faculté pour chacun d'exercer une profession quelconque, avec la vie isolée de famille, vouloir assurer le bien-être constant des travailleurs de l'industrie, c'est vouloir résoudre un problème insoluble, le passé le prouve, l'avenir le prouvera.

Avec la libre concurrence, dès qu'un produit quelconque trouve un placement avantageux, on en accroît démesurément la production, on la pousse hors des limites de toute consommation possible, et puis il faut s'arrêter, la vente en devenant impossible, car on ne peut vendre plus qu'on ne consomme ; les fabricants, les commerçants qui ne peuvent attendre sont obligés alors pour réaliser, de vendre à perte, de réduire les prix de main-d'œuvre, de renvoyer leurs ouvriers ; ensuite, la production s'arrête, le trop-plein s'écoule, le niveau se rétablit, les besoins renaissent, les prix se relèvent, et l'on arrive bientôt à un nouvel excès de production pour retomber dans une nouvelle crise.

Voilà l'histoire de l'industrie et du commerce avec la libre concurrence, et les causes patentes des crises périodiques qu'ils subissent tous les trois ou quatre ans.

Avec la libre faculté pour chacun d'exercer une profession quelconque, partout où l'on crée du travail pour deux ouvriers, il s'en établit trois ; c'est là encore un obstacle absolu à la possibilité de les occuper tous et constamment. Plusieurs d'entre eux d'ailleurs n'ont aucune aptitude aux travaux qu'ils veulent entreprendre, et ne peuvent par ce motif gagner leur vie.

Avec la vie isolée de famille, beaucoup d'ouvriers, même capables, qui ne manquent point de travail, et gagnent même de bonnes journées, vivent néanmoins habituellement dans la misère, parce qu'ils dissipent en un jour ou deux, dans la débauche et dans l'orgie, le gain de toute une semaine.

La loi punit un pauvre homme qui vole un morceau de pain pour le donner à sa famille :

Et la loi tolérerait qu'un ouvrier débauché volât le pain de sa famille ?

Non, personne ne saurait vouloir cela; et on ne saurait l'empêcher, sans supprimer

La libre concurrence,

La libre faculté pour chacun d'exercer une profession quelconque,

La vie isolée de famille.

Mais comment les supprimer, nous dira-t-on encore, sans porter atteinte à la liberté individuelle ?

La liberté individuelle consiste à pouvoir faire tout ce qui peut être fait par la majorité des hommes, tout ce qui n'est point contraire à l'intérêt général; mais elle ne consiste pas à pouvoir faire ce qui ne peut être fait que par une minorité, ce qui est contraire à l'intérêt général.

Si l'on appelle cela priver un homme de sa liberté, autant vaut dire que la liberté n'a jamais existé, qu'elle n'existe nulle part, si ce n'est à l'état sauvage, parce que chaque loi enlève une faculté libre dans le droit naturel, la faculté de faire ce qui serait nuisible à nos semblables; et les lois qui punissent le vol, celles qui obligent à se vêtir, toutes celles existantes enfin, sont tout aussi attentatoires à la liberté individuelle que celle qui pourrait limiter le nombre des industriels.

Car enfin, de quel droit voulez-vous empêcher un homme de s'approprier ce qui lui plaît ? de courir les rues sans vêtement aucun ?

Du droit, nous direz-vous, qu'a toute société de prescrire à ses membres ce qui est utile à sa conservation, à son bonheur.

Nous voilà dans ce cas d'accord.

Quant à nous, nous reconnaissons juste toute loi faite dans l'intérêt général, dans l'intérêt de tous, bien qu'elle puisse contrarier quelques volontés et blesser quelques intérêts; l'existence de la société est à ce prix.

La liberté individuelle ne saurait donc s'opposer

à toute modification de cette liberté faite dans l'intérêt général, dans l'intérêt de tous.

Et néanmoins nous croyons pouvoir affirmer que les modifications que nous allons proposer seront pour les travailleurs un accroissement de liberté réelle au lieu d'en être une réduction; avec l'association, toutes les aptitudes trouveront place comme aujourd'hui et mieux encore, dans la profession qu'elles auront choisie; les mauvais ouvriers seuls en seront exclus pour être rejetés dans l'agriculture, et ce sera un bien pour eux-mêmes, car aujourd'hui les mauvais ouvriers ne peuvent gagner leur vie dans l'industrie malgré la libre concurrence.

Dans l'agriculture, l'addition de quelques individus en augmentera toujours le produit, le sol, règle générale, ne recevant nulle part tous les travaux que la meilleure culture réclame et pouvant, mieux cultivé par un plus grand nombre de bras, produire beaucoup plus qu'il ne produit.

Dans les professions industrielles au contraire, les besoins sont bornés; pour 1,000 individus il faut un certain nombre de cordonniers, tailleurs, etc., passé lequel l'excédant serait complètement inutile.

Et que l'on remarque que les produits du sol, quels que soient le commerce et l'industrie, nourrissent seuls la population entière : en enlevant quelques individus aux professions industrielles pour les jeter dans l'agriculture, nous n'accroîtrons pas pour cela la consommation, nous accroîtrons seulement la production. Si nous avons aujourd'hui un nombre surabondant d'industriels, cela se réduit à dire que nous en nourrissons une partie qui ne fait rien, ou bien que nous en nourrissons 100 pour faire le travail qui pourrait être fait par 50. La société perd donc évidemment à avoir un nombre surabondant d'industriels qui pourraient être utilement occupés à l'agriculture : celle-ci ne saurait avoir trop de travailleurs, puisqu'en définitive elle doit nourrir toute la population, et son accroissement de travail est toujours un accroissement de produits utiles.

Dans notre association enfin, les travailleurs n'auront plus à débattre, contre des prétentions exagérées, leur pain de chaque jour ; ils ne travailleront plus pour des maîtres, ils travailleront pour eux-mêmes, et non seulement leur bien-être, mais encore celui de leurs femmes et de leurs enfants, sera constamment assuré.

La suppression de la libre concurrence, cependant, qui créera un privilège sûr et avantageux en faveur des industriels, pourrait entraîner des abus, une entente parmi les producteurs, un renchérissement extraordinaire des produits fabriqués, si la fixation du prix de ces objets était laissée au libre arbitre des industriels, comme aujourd'hui.

Déjà, dans un intérêt général, la plupart des villes fixent à l'avance le prix du pain et de quelques autres objets de consommation; on peut tout aussi bien fixer celui de tous les produits industriels, et cela devient même une nécessité avec la suppression de la libre concurrence. Cette suppression fera la position des industriels telle qu'ils seront toujours assurés de l'écoulement de leurs produits à des prix avantageux, et par conséquent d'un bénéfice convenable, pourvu qu'ils produisent dans de bonnes conditions; mais, en compensation de cet immense avantage, c'est bien le moins que l'on pose une limite à leurs bénéfices.

Il faudra donc établir :

Le prix de la main-d'œuvre d'abord ;

Le bénéfice sur la marchandise ensuite.

Toutefois, comme il peut se faire que la société actuelle ne veuille point supprimer la libre concurrence, et que cela ne doit point nous empêcher de réaliser toutes les améliorations possibles avec elle, nous exposerons d'abord l'organisation industrielle telle qu'elle devrait être, en la supposant généralement adoptée après la suppression de la libre concurrence ; nous dirons ensuite ce que l'on peut faire pour atténuer les souffrances des travailleurs de l'industrie, avec la libre concurrence.

ASSOCIATION INDUSTRIELLE.

Nous avons vu combien est avantageuse et facile l'organisation des populations agricoles en associations de travailleurs; celle des populations industrielles ne l'est pas moins, et pour elles les besoins de notre réforme sont plus urgents encore; l'agriculteur pauvre souffre la faim et le froid, mais il n'en meurt pas, l'ouvrier des villes en meurt.

D'après notre classement, la population industrielle sera la plus nombreuse après la population agricole.

Maçons, charpentiers, menuisiers, serruriers, tailleurs, cordonniers, ouvriers et chefs employés aux fabrications de toute nature, formeront cette population.

Sous certains rapports, nos associations industrielles pourraient être qualifiées de commerçantes, parce que avec leurs façons ou travaux, elles vendront des matières confectionnées; mais ce qui les distinguera de celles commerçantes proprement dites, c'est que nous ne classerons sous ce dernier titre que les marchands ou commerçants chargés d'acheter ou vendre des objets qu'ils ne confectionneront pas ; dès qu'il y aura fabrication ou confectionnement, nos associations seront classées sous le titre d'industrielles.

Pour l'agriculture, il n'y a point à subordonner la production générale aux besoins de la consommation; on produit le plus possible, et tout accroissement de production est un accroissement de bien-être pour la population, sauf à modifier la nature des produits selon les ressources et les besoins ; ainsi par exemple :

Si, par une trop grande production de céréales, il y en a surabondance et qu'elles ne puissent être vendues avec avantage, on en cultive un peu moins, et l'on crée ou l'on accroit dans ce cas d'autres produits, tels que ceux des animaux domestiques, des graines oléagineuses, des soies, ou autres objets pour lesquels nous sommes tributaires de l'étranger, ou dont l'accroissement serait avantageux.

Mais pour l'industrie, il ne faut produire que ce qui est nécessaire à la consommation ; il faut donc d'abord déterminer celle-ci.

Il n'y a point de conseil municipal, qui, avec un peu d'étude et de recherches, ne puisse déterminer fort approximativement les besoins industriels de sa commune, c'est-à-dire, la consommation annuelle de celle-ci en produits industriels évalués par quantités.

Les besoins de toutes les communes connus, ceux de la France le seront.

Le gouvernement peut apprécier à son tour les besoins de même nature pour l'exportation.

On peut donc connaître ainsi la totalité des besoins de la consommation générale, et il n'y a qu'à les déterminer.

Cela fait, le nombre des industriels doit être subordonné à ces besoins, et c'est à cette condition seulement qu'il sera possible de les occuper tous fructueusement et constamment.

Dès le principe sans doute il faudra prendre les industriels tels qu'ils sont; nous n'avons point la prétention de rejeter arbitrairement hors de l'industrie une partie de ceux qui s'y trouvent.

Mais le nombre des industriels nécessaires évalué par travailleurs, machines et métiers, doit être immédiatement fixé, et nul ne devra plus y être admis qu'aux conditions déterminées par la loi, afin de réduire par extinction ce nombre à celui nécessaire.

En attendant, il suffira de les organiser en associations pour améliorer de beaucoup leur position; les rectifications viendront ensuite pour leur assurer un bien-être qui ne laissera plus rien à désirer.

Les industriels se composent de deux sortes :

Les maîtres ou fabricants,

Les ouvriers qui travaillent à façon, à gages ou à salaire :

Notre association n'est proposée que pour ces derniers.

Nous avons établi la population des associations agricoles au nombre de 100 individus, ou 25 familles en moyenne : celui des associations industrielles peut être le même, sauf à poser des limites extrêmes à 60 et 120 membres, soit 15 à 30 familles; parce qu'il convient d'abord de les classer par spécialités toutes les fois que leur nombre le permettra, parce qu'il convient ensuite qu'elles ne soient pas par trop nombreuses, afin que les chefs puissent tout voir et tout diriger par eux-mêmes.

Lorsque donc une spécialité devrait réunir plus de 30 familles, on la diviserait en plusieurs associations; au-dessous de 15 familles, ce serait presque rentrer dans le système actuel de la vie privée, et enlever à l'association une grande partie des avantages de la vie commune et de la bonne direction des travaux.

Pour opérer l'organisation des associations industrielles, nous croyons devoir diviser toutes les industries en 3 catégories uniques sous les titres de :

Industrie communale,

Industrie générale,

Industrie d'exportation.

Nous classerons dans la première, les industriels qui ne travaillent généralement et habituellement que pour leur commune ou les communes limitrophes.

Dans la seconde, ceux qui travaillent habituellement pour la France en général ;

Dans la troisième, ceux qui travaillent habituellement pour l'exportation.

Nous ferons les conseils municipaux juges de la première ;

Les conseils généraux, juges de la seconde ;

L'État, juge de la troisième.

Chaque conseil municipal aura donc à déterminer pour sa commune le nombre des industriels nécessaires, qui se composeront généralement de maçons, menuisiers, serruriers, cordonniers, tailleurs, et quelques autres. Ce nombre étant déterminé, on peut le constituer immédiatement en associations, et le faire jouir des avantages de la vie commune.

Il ne faudra point employer la contrainte pour cela, car tout notre système tend à la supprimer ; nous voulons empêcher les hommes de faire le mal, mais sans les contraindre à faire même le bien : il faut qu'ils viennent au bien d'eux-mêmes, par leur propre volonté, dans leur intérêt bien entendu, par égoïsme enfin, nous osons le dire, et ils y viendront.

Pour réaliser l'association volontaire des familles

industrielles dans les communes, il suffira que les conseils municipaux veuillent leur procurer les avances et les locaux nécessaires, à charge de remboursement, et à la condition de se constituer selon les règles prescrites. Ces avances seront peu de chose pour la plupart des associations, car il ne leur faudra que quelques outils et un faible mobilier principalement destiné aux besoins de la vie commune, les ouvriers possédant déjà une partie des outils nécessaires et un mobilier à peu près suffisant à leurs besoins privés. L'offre ainsi faite sera certainement acceptée quelque part par un nombre de familles suffisant pour constituer une ou plusieurs associations; et, lorsqu'on aura l'exemple réalisé des immenses avantages de ce nouveau régime, tous les ouvriers en voudront, ne fût-ce que par égoïsme, nous le répétons.

Dans beaucoup de communes rurales le nombre des industriels sera insuffisant pour former une association même de 15 familles : on ne les organisera point en association dans ce cas, ils se réuniront à des associations agricoles, s'il en existe. Leur nombre cependant devra être limité et les prix de leur main-d'œuvre tarifés comme ceux des associations industrielles.

Dans d'autres communes, l'association devra se composer de professions diverses, le chiffre de la population en étant trop faible pour le classer par spécialité : quelques personnes pourraient y voir peut-être un inconvénient ; à quelle profession donner la suprématie, comment les classer pour éviter les jalousies, les animosités, les querelles!

Sur le pied d'une égalité parfaite ; et l'on n'y différenciera pas plus le cordonnier du menuisier, que celui qui dans une association agricole ensemence de celui qui récolte. Toutes les professions seront confondues dans la vie d'association.

Dans les communes où le nombre des familles industrielles dépassera celui de 30, ou 120 individus, on les classera par spécialités de profession toutes les fois que leur nombre le permettra ; on réunira à défaut les professions qui ont le plus d'analogie entre elles, comme les cordonniers et les tailleurs, les menuisiers et les serruriers, etc.

La vie commune aura pour l'association industrielle tous les avantages que nous avons énumérés dans notre traité de l'association agricole.

Economie de logement, de chauffage, d'éclairage.

Gain du travail de 20 adultes sur 50.

Meilleure direction des travaux.

Ces avantages ne seront pas moindres pour les pauvres malades de l'industrie, bien qu'ils aient la ressource des hospices. La plupart d'entre eux ne peuvent ou ne veulent y aller, et manquent chez eux des soins les plus nécessaires.

On croit avoir tout fait en créant des hospices !

mais sait-on ce que c'est que ces infirmeries hideuses et meurtrières, où la douleur ajoute à la douleur, où l'air est empesté par la réunion d'un grand nombre de malades, où le mourant couche à côté du mort, où celui qui a besoin de calme et de repos est condamné à subir le râle d'un agonisant!

Mais c'est un vrai supplice pour la plupart des malades qui lui préfèrent l'isolement, la misère et l'abandon!

Dans notre association tous les malades seront soignés chez eux, entourés des consolations de leurs familles, et ceux qui n'auront point de familles y recevront au moins les consolations de l'amitié.

Les enfants et les vieillards y seront également entourés de tous les soins nécessaires, comme dans les associations agricoles, soins complètement impossibles chez les pauvres ouvriers avec la vie isolée de famille.

L'instruction première y sera également facile.

Les travaux pourront y être modérés, tout en faisant un peu plus qu'aujourd'hui, parce que on y gagnera d'abord le travail de 20 adultes sur 50, parce que on aura de meilleurs outils, parce que on ira un peu plus vite, les loisirs avec de l'aisance devenant un bien, au lieu d'un mal qu'ils sont avec la misère.

Toutes nos règles enfin de l'association agricole

applicables à l'association industrielle lui seront appliquées.

Cette dernière, comme toutes les autres, nommera directement son chef, son instituteur-comptable, ses conseillers ; leur autorité administrative sera la même ; elle sera forcément variable quant aux travaux. Dans les associations composées d'ouvriers appartenant à diverses professions, il s'en trouvera quelqu'une exercée par un seul individu ; celui-ci sera naturellement alors chef pour le confectionnement, mais il sera subordonné quant à tout le reste. Pour les travaux qui auront plusieurs industriels du même genre, ceux-ci éliront entre eux un chef de confectionnement qui sera chargé de la direction du travail spécial de sa profession, mais qui demeurera soumis aux règles de l'association quant à tout le reste.

C'est dire que tous les produits de l'association seront mis en commun, comme ceux de toutes les autres associations.

Dans celles industrielles, comme dans celles agricoles, les femmes jouiront des mêmes droits que les hommes. Tout en nous concédant cette égalité de droits dans les associations agricoles, parce que les femmes y partageront les travaux des hommes, peut-être nous la contestera-t-on dans les associations industrielles, parce que les femmes n'y partageront pas les mêmes travaux.

Il n'est point nécessaire que les femmes partagent les travaux des hommes pour pouvoir remplir utilement les fonctions d'élus d'association, pour mériter dans la répartition des bénéfices une part égale ou supérieure à celle des hommes.

Il faut, pour remplir utilement ces fonctions, plutôt un bon administrateur qu'un bon ouvrier; sans doute, si ces deux qualités se trouvent réunies dans le même individu, il sera plus apte que celui qui n'en posséderait qu'une seule à remplir les fonctions d'élu; mais dans une association, même industrielle, un bon administrateur sera toujours préférable à un bon ouvrier qui ne serait point administrateur; or, les femmes en général administrent beaucoup mieux que les hommes les intérêts de famille, et c'est ce qu'auront principalement à faire les élus d'association.

Quant au mérite des femmes dans la répartition des bénéfices, nous avons à dire :

Que dans les associations industrielles, les meilleurs ouvriers ne rapporteront pas probablement plus de 5 à 6 fr. par jour; or, la cuisinière de l'association, la lingère, la blanchisseuse même et quelques autres peuvent rapporter davantage, si elles sont intelligentes, actives et dévouées, par les économies qu'elles procureront dans leurs divers services; il est donc juste qu'elles puissent être rétribuées comme les bons ouvriers.

Dans l'association industrielle d'ailleurs, comme dans toutes, c'est la majorité qui décidera du mérite relatif de chacun ; elle aura intérêt à être juste : elle le sera.

Pourquoi donc lui refuser le droit d'appeler des femmes à exercer les fonctions d'élus, si cela lui convient, si cela peut lui être utile ?

Nos associations industrielles, pour commencer, ne se composeront que d'ouvriers qui travaillent à façon, à gages ou à salaire, et qui, associés, travailleront à façon, en général du moins. Il ne leur faudra donc qu'un mobilier fort restreint et des outils, qu'ils possèdent déjà en partie, pour commencer.

Il leur sera loisible ensuite d'emprunter ou de prélever peu à peu sur leurs bénéfices les fonds nécessaires à l'achat des matières premières destinées à leurs travaux, et de vendre leurs produits confectionnés. Cela n'empêchera pas que ces ouvriers ne travaillent aussi à façon pour les particuliers ou les associations qui voudront acheter les matières premières nécessaires et les faire confectionner ; ce sera même là une obligation pour nos associations industrielles ; elles ne pourront vendre confectionné que ce que l'on préférera acheter de la sorte, elles seront tenues de confectionner à façon ce qu'on leur demandera, pour ce qui en est susceptible, et selon l'usage.

Si la population ouvrière des petites localités doit

gagner beaucoup à notre organisation industrielle, celle des grandes localités, des grandes fabriques y gagnera bien plus encore. Qu'est-ce, aujourd'hui, qu'une grande fabrique? Une triste réunion de malheureux, dont la plupart travaillent pour ne point mourir de faim.

Avec l'association, la fabrique, le grand atelier, ne seront plus qu'une nombreuse famille; chacun n'y sera astreint qu'à un travail modéré, en rapport avec ses forces et son aptitude; chacun y sera assuré de pourvoir à tous ses besoins. Il y aura des chefs cependant, mais ils seront librement élus par la population ouvrière, et les avantages dont ils jouiront n'imposeront ni privations ni peines à ceux qu'ils seront appelés à diriger.

On pourrait craindre que l'abolition de la concurrence actuelle ne nuisît au bon confectionnement, que les ouvriers, assurés d'un travail et d'un bien-être constants, ne travaillassent avec moins d'émulation et de zèle.

L'émulation n'aura point, il est vrai, le stimulant de la concurrence actuelle, qui ne fait, la plupart du temps, qu'engendrer la haine entre les concurrents, et produire leur commune misère; mais elle aura, à un bien plus haut degré, le sentiment naturel qui pousse l'homme à se distinguer par ses travaux. On n'admettra d'ailleurs dans les associations industrielles que des individus aptes à remplir les fonctions auxquelles ils seront destinés. Si quelques-uns y apportent une négligence coupable, le chef sera là pour les rappeler à leur devoir, et le conseil pour régler leur part dans les bénéfices en conséquence.

Nous établirons aussi en principe, comme nous l'avons fait pour l'Association Agricole, que tout membre nuisible à l'association pourra en être exclu par les deux tiers des suffrages, les vieillards, les malades, les infirmes et les enfants exceptés.

Nos travailleurs auront enfin, et plus qu'aujourd'hui, des positions graduées : dans leurs associations, ils pourront aspirer au titre d'élus; au-dessus des associations ordinaires s'élèveront des associations supérieures et spéciales dans toutes les professions, et les ouvriers qui se distingueront par leur habileté dans les associations inférieures seront naturellement appelés à alimenter les associations supérieures : ainsi, un ouvrier commencera par être manœuvre, maçon, forgeron, serrurier, charpentier, menuisier, pour devenir sculpteur, mécanicien, ébéniste, si son aptitude l'y porte; le tailleur, le cordonnier des petites localités, s'ils deviennent habiles, trouveront facilement du travail dans les associations des grandes localités, où ils seront mieux rétribués. Il ne faudra point à l'ouvrier des capitaux, comme aujourd'hui, pour s'élever, pour s'établir, il ne lui faudra que du mérite.

Nous aurons donc là des éléments bien suffisants d'émulation pour n'avoir point à craindre que les ouvriers négligent de devenir habiles et de le démontrer par leurs travaux.

Nous avons dit ce que seront dans notre système les associations industrielles communales.

Pour déterminer celles générales, il n'y aura qu'à rechercher ce que les communes ne produisent point elles-mêmes de ce qu'elles consomment, et ce qui est produit pour un grand nombre de communes, pour la France en général.

L'imprimerie, la mégisserie, la chapellerie, la fabrication de la plupart des tissus, des outils aratoires, les hauts-fourneaux, la verrerie, la quincaillerie, la mercerie, la fabrication des armes, tous les établissements enfin qui exigent pour produire au plus bas prix possible de grands moyens mécaniques, le concours d'un grand nombre de capacités, la réunion d'un grand nombre de bras, sont dans ce cas.

Cela n'empêchera point qu'il n'y ait des imprimeries et quelques autres industries communales de même nature que celles générales, seulement dès qu'elles fonctionneront pour l'usage de la France en général, elles seront organisées et tarifées par le conseil général du département dans lequel elles seront établies.

Nous trouverons ici de grandes et fort grandes

fabriques qui ne peuvent être établies et maintenues sans capitaux considérables : elles sont aujourd'hui en général, la propriété de fabricants ou capitalistes, elles le demeureront.

Mais cela n'empêchera pas que l'on n'organise en associations les ouvriers de ces fabriques, selon les règles prescrites, et que l'on fixe leur salaire de telle sorte qu'ils ne travaillent plus qu'à façon et à forfait pour les propriétaires des fabriques qui fourniront les bâtiments, les machines et les matières premières nécessaires, car les menus outils devront appartenir à l'association. Les ouvriers y gagneront l'immense avantage de la vie commune, et celui de n'être plus dirigés et commandés que par des chefs de leur choix.

Le fabricant n'aura point à s'en plaindre, pourvu que l'association lui livre ses matières bien confectionnées, au prix de façon fixé, et ses bénéfices se trouveront comme aujourd'hui, dans la différence du prix de revient au prix de vente.

Au cas de contestation au sujet du confectionnement, les conseils de prud'hommes en décideront, comme aujourd'hui.

Les conseils généraux pourvoiront aux premiers frais d'établissement de ces associations, en leur procurant le mobilier et les locaux nécessaires, ainsi que nous l'avons dit des conseils municipaux pour les associations communales.

Celles générales, comme toutes les autres, pourront emprunter et prélever sur leurs bénéfices, les fonds nécessaires pour louer, acheter ou fonder des fabriques, et indubitablement elles arriveront peu à peu à ne plus travailler que pour leur propre compte.

Tous les ouvriers deviendront de la sorte propriétaires, et le grand problème de la suppression du prolétariat sera ainsi résolu.

Reste les industriels qui travaillent en général pour l'exportation, et dont l'organisation devra être faite par l'État.

Nous pensons qu'il conviendra, pour régler ce grand intérêt, de former à Paris un conseil supérieur, permanent et salarié, des manufactures et du commerce, composé de délégués élus par les industriels et les commerçants des départements : ce conseil, de concert avec le ministre de l'industrie et du commerce, pourra facilement régler tout ce qui sera relatif à l'exportation.

Il aura à déterminer d'abord le nombre de fabriques, d'ouvriers, de métiers et de machines qui fonctionneront sur divers points du territoire pour le commerce d'exportation.

Il aura à déterminer ensuite le nombre auquel ils devront être portés ou réduits dans chaque localité; le conseil supérieur pourra autoriser la création d'une fabrication quelconque là où elle n'existera pas, comme il pourra la réduire ou la supprimer par extinction là où elle existera, selon qu'il le jugera convenable.

Il organisera ensuite en associations toutes les familles d'ouvriers travaillant pour l'exportation, et tarifera tous leurs prix de main-d'œuvre.

Il ne pourra cependant tarifer les prix de vente des produits destinés à l'exportation; on ne pourra comme aujourd'hui que les vendre au mieux, seulement il faudra cesser de fabriquer les articles qu'on ne pourrait exporter avec avantage. Il y a folie, nous osons le dire, à fabriquer pour vendre à perte; mieux vaut ne pas fabriquer dans ce cas : et si nous avons un excédant de matières premières que l'on ne puisse fabriquer pour les vendre avec bénéfice à l'exportation, nous vendrons alors les matières premières non fabriquées qui ont toujours une valeur réelle.

Soit une partie de laine qui vaille 100,000 fr., que pour la convertir en drap il faille dépenser 100,000 fr ; et qu'on ne puisse ensuite vendre ce drap au moins 200,000 fr., son prix de revient : il y aura évidemment avantage dans ce cas à vendre la laine non fabriquée 100,000 fr., les travailleurs qui l'auraient fabriquée pouvant toujours, à défaut de travaux plus avantageux, être occupés à l'agriculture et produire là, plus que leur nécessaire.

Il n'y a point exagération à dire que le produit

territorial de la France peut être doublé; nous avons plus d'un exemple que celui de quelques propriétés passées de mains inhabiles entre des mains habiles, a été triplé, quintuplé et jusqu'à décuplé en quelques années. Pendant bien long-temps donc encore, l'agriculture offrira des ressources suffisantes au bien-être de tous les travailleurs que l'industrie n'aurait point à occuper.

Les besoins de la consommation intérieure suffiront d'ailleurs pour amener la création, le développement et le perfectionnement de tous les principaux genres de fabrication, et il en restera bien assez dans lesquels la France n'aura point de rivale.

Mais que ferez-vous des femmes et des enfants dans les associations industrielles, peut-on nous dire ?

Il est plusieurs travaux qui ne sont usuellement faits que par les hommes, tels que la menuiserie, la serrurerie, la maçonnerie et autres.

Nous ne pouvons songer à changer nos usages sous ce rapport; les travaux qui exigent la plus grande force physique sont et demeureront l'apanage des hommes. Nous en excepterons l'ébénisterie que les femmes pourraient faire peut-être avec avantage; l'essai peut en être tenté sans qu'il nuise à rien, et les associations qui croiront devoir le faire le feront. Mais cette innovation même changerait fort peu la condition usuelle des femmes appartenant aux associations industrielles, l'ébénisterie ne pouvant être exercée que par un fort petit nombre.

Actuellement presque toutes les femmes des industriels sont à peu près exclusivement occupées de leur ménage et ne produisent rien ou presque rien par conséquent; leurs garçons sont utilisés comme manœuvres ou apprentis dès que leur âge le permet : dans nos associations ces enfants pourront être utilisés de même.

Dans les associations de diverses professions, il y aura aussi des travaux qui peuvent être faits par les femmes, ceux de couture principalement; on peut, sans inconvénient, étendre leur pratique à ce sujet, n'avoir des tailleurs que pour la coupe, et confier toutes les coutures aux femmes : on peut également leur confier une grande partie du confectionnement de la chaussure.

Mais, dans les associations spéciales de maçons, serruriers, menuisiers et autres, qui pourraient être organisées, les femmes ne pourront partager aucun des travaux des hommes.

Il en faudra toujours quelques-unes pour les soins du ménage : pour les autres, on établira des ateliers de couture, de broderie, d'autres travaux qu'elles puissent faire.

Le produit de leur travail comme celui des hommes sera versé dans la caisse de l'association, et leurs droits seront les mêmes que ceux des hommes.

Il faut se rappeler que l'association laissera disponibles pour les travaux productifs les quatre cinquièmes des femmes environ, presque exclusivement occupées aujourd'hui de leur ménage : ce sera là un avantage immense, à la condition de les occuper utilement.

Pour atteindre ce but, l'un des moyens sera de réserver aux femmes la préférence de tous les travaux qui n'exigent point l'emploi d'une grande force physique, tels que le tissage des soies en général et celui de toutes les étoffes légères, qui peut sans inconvénient leur être confié.

L'horlogerie et la bijouterie doivent également leur être réservées, bien qu'elles ne soient exercées aujourd'hui que par les hommes. Nous ne saurions trouver d'autre cause à ce qui existe à ce sujet, si ce n'est que l'on a comme pris à tâche d'exclure les femmes de toutes les professions lucratives : c'est un tort que l'association sera heureuse de réparer.

Il faut prévoir aussi les inconvénients qui pourraient résulter d'une fixation arbitraire des tarifs, qui pourraient priver certaines associations de tout bénéfice, et procurer à d'autres des bénéfices exagérés,

Nous croyons qu'à cet effet tout conseil chargé de cette fixation devra évaluer d'abord la somme nécessaire pour couvrir tous les frais de la vie commune de l'association, en les calculant selon le prix des denrées et selon l'usage local pour les travailleurs.

Chaque conseil connaîtra approximativement à l'avance le travail que chaque association aura et pourra faire. Il supputera en conséquence ce qu'il faut payer ce travail pour couvrir tous les frais de la vie commune.

Or, comme il faut et que l'on peut donner aux travailleurs un bénéfice au moins égal à la moitié de la somme nécessaire à leurs premiers besoins, on n'aura qu'à accroître de moitié le prix de la main-d'œuvre nécessaire pour couvrir les frais de la vie commune. Et, comme les tarifs seront annuellement révisés et fixés, les conseils pourront annuellement rectifier les erreurs dans lesquelles ils auraient pu tomber.

Néanmoins, les bénéfices de nos associations industrielles pourront être fort variables, quoique beaucoup moins en général que celui des associations agricoles : il peut se faire, malgré les prévisions des conseils chargés de les réglementer, que la dépense commune soit plus ou moins considérable, que le travail soit plus ou moins abondant, plus ou moins avantageux, et que les associations gagnent plus ou moins qu'on ne l'aura prévu.

Pour obvier à cet inconvénient, nous devons imposer aux associations industrielles, comme aux associations agricoles, *l'assurance* et *la réserve*, seul moyen d'assurer leur bien-être constant.

**

Lorsque donc une association aura un bénéfice annuel qui dépassera la moitié de la somme nécessaire à ses premiers besoins, tout l'excédant sera mis en réserve jusqu'à ce que celle-ci égale les premiers besoins d'une année.

Lorsque le bénéfice sera inférieur au quart des premiers besoins, on prélèvera sur la réserve de quoi parfaire ce quart, sauf à recompléter celle-ci, lorsque les bénéfices le permettront.

L'association assurera en outre tous les risques qui pourront être assurés.

Il est bien entendu que les conseils évalueront les besoins des associations pour la fixation des tarifs de main-d'œuvre, non selon ce qu'il leur plairait de dépenser, mais selon ce qui sera nécessaire pour leur assurer un régime sain et suffisant, selon les usages locaux. S'il plaît ensuite à une association de dépenser plus que le nécessaire, elle réduira ses bénéfices d'autant, sans que le conseil doive y avoir égard.

Si au contraire une autre association, par suite de son bon ordre et de son économie, dépense moins que ce qui aurait été jugé nécessaire, son bénéfice s'accroîtra d'autant sans que le conseil ait pour cela à le réduire.

Soit la dépense commune d'une association évaluée à 75 centimes par jour et par tête.

Soit qu'elle ne dépense que 60 centimes, soit

qu'elle en dépense 90, le conseil ne devra établir ses fixations que sur 75 centimes, tant qu'il jugera ce chiffre suffisant et convenable : il ne devra le modifier que selon la hausse ou la baisse du prix des denrées, que selon les erreurs qu'il aurait pu commettre dans une évaluation précédente; et non selon la dépense arbitraire de telle ou telle association.

Les bénéfices d'ailleurs pourront être répartis mensuellement entre les associés, lorsqu'ils seront mensuellement disponibles.

Ainsi, dans une association de 100 individus, la dépense moyenne étant de 75 centimes, le bénéfice sera de moitié, ou 37 c. 1/2 : par jour, 37 fr. 50 c.; pour 1 mois ou 30 jours, il sera de fr. 1,125, qui pourront être partagés entre les travailleurs, dans les proportions prescrites.

Il en résultera, qu'après avoir bien vécu, les bons ouvriers pourront encore recevoir chaque mois une bonne somme dont ils seront libres de disposer comme ils l'entendront. Cette évaluation encore n'est-elle faite que pour les ouvriers des petites localités; dans les grandes, la vie étant plus chère, les bénéfices seront plus élevés.

Ceux de la main-d'œuvre profiteront exclusivement aux ouvriers, comme on le voit : mais il faut encore un bénéfice aux capitaux, c'est-à-dire à la marchandise; nous croyons que ce bénéfice doit être déterminé à un *maximum* de 5 p. 0/0, l'intérêt des capitaux payé en dehors : de sorte que le prix de vente d'un objet fabriqué quelconque, pourra être tarifé à 5 p. 0/0 de plus que le prix de revient.

En donnant le chiffre 5 p. 0/0 comme bénéfice maximum à la marchandise, c'est dire qu'il pourra être fixé à moins lorsque des offres de capitalistes ou fabricants le permettront, lorsque les conseils appelés à le déterminer jugeront convenable de le fixer à moins.

En principe, d'ailleurs, chaque conseil local ne devra autoriser que la fabrication des produits industriels que sa localité pourra produire à aussi bas prix que celui auquel elle pourrait se procurer ailleurs ceux de même nature et de même qualité, en tenant compte des frais de transport : on ne peut équitablement obliger les consommateurs d'une localité à payer les produits industriels un prix plus élevé que celui auquel ils pourraient se les procurer ailleurs, et il est toujours dans l'intérêt général de produire au plus bas prix possible.

Nous avons expliqué dans notre introduction que la suppression de la libre concurrence, que l'obligation d'être élu ou agréé pour pouvoir exercer une profession industrielle quelconque, ne portait aucune atteinte à la liberté réelle, à la liberté rationnelle, à la liberté sociale. Cette liberté, en effet, ne consiste point à faire tout ce que l'on veut : aucun homme ne le peut sur la terre, pas plus le sauvage que le monarque, et c'est là une vérité incontestable et absolue.

La liberté réelle, la liberté complète consiste à pouvoir faire tout ce qui n'est point nuisible à nos semblables, à n'être point contraint à faire ce que l'on n'aime pas, ce que l'on ne veut pas faire.

Il y a deux sortes d'esclavage :

Celui des hommes,

Celui des choses.

En France, nous sommes affranchis du premier; mais le second nous reste et pèse sur notre existence plus que n'y pesait autrefois le premier. Chacun est mécontent de sa profession, de sa position, que le basard seul lui a données, chacun y reste attaché, esclave de la nécessité et de la faim.

Et nous ne craignons pas de le dire, l'esclavage des choses est pire encore que celui des hommes : les serfs de Russie sont plus heureux que les ouvriers de France et d'Angleterre, que les misérables Irlandais surtout. Il n'en faut pas induire que le servage vaille mieux que la liberté, parce que le servage qui n'est point en Russie un obstacle au bonheur des populations ouvrières, en raison de leur peu de lumières et du fait consacré par un long usage, serait chez nous un obstacle absolu à ce même bonheur, en raison des sentiments d'indépendance et de dignité humaine que nos glorieuses révolutions ont gravés en caractères indélébiles dans toutes les âmes.

Qu'est-ce qui rend aujourd'hui presque toutes les positions pénibles et forcées ?

C'est la misère ou la gêne même accidentelle, pour la plupart des travailleurs, c'est l'incertitude de l'avenir, l'incertitude surtout d'assurer à leurs enfants les moyens de gagner honorablement leur vie. Evidemment, lorsque l'association aura pourvu aux besoins de tous, et pour le présent et pour l'avenir, les hommes seront affranchis de leur plus grand tourment d'aujourd'hui, de l'inquiétude de l'avenir et pour eux et pour leurs enfants.

Il nous reste donc à nous affranchir de cet autre esclavage de la nécessité et de la faim, en assurant à tous le nécessaire, sans clouer personne à une place, à une position qu'il n'aime point.

Le travail par lui-même n'est point un esclavage, il est au contraire un besoin, et il sera un plaisir pour tous, comme il l'est déjà pour quelques-uns, dès qu'il aura cessé d'être excessif et qu'il assurera le bien-être matériel de tous.

Et de tous les travaux, le travail agricole est sans contredit le plus attrayant, par sa grande variété, par le contact incessant de l'homme avec l'œuvre du Créateur. Quelle différence, grand dieu ! entre la contemplation de votre beau soleil, de vos plantes, de vos fleurs nouvellement écloses, de vos majestueux ombrages qu'embellit le chant des oiseaux, de l'eau limpide qui serpente sur la verdure, de vos montagnes, de vos rochers, de vos plaines, des glaces mêmes et des frimats ; quelle différence, grand dieu ! entre cette contemplation et celle des matières inertes que l'homme passe sa vie à façonner !

Nous l'avons déjà dit : le premier problême à résoudre pour le bonheur de l'humanité, c'est la suppression de la misère chez les agriculteurs, c'est l'assurance de leur bien-être constant. Ce but atteint, comme l'agriculture est la profession générale et normale, tout individu doit pouvoir constamment s'y adonner avec ou sans sa famille et y trouver le bonheur. Il ne sera donc jamais esclave d'une autre position qu'il pourra quitter pour s'adonner à l'agriculture, sans compromettre l'avenir de sa famille, et il sera de la sorte affranchi de l'esclavage des choses, comme il l'est de l'esclavage des hommes.

D'un autre côté, ceux qui par exception préfèreront exercer une profession industrielle le pourront certainement toujours, et nous ne craignons pas même d'avancer que, les travaux agricoles étant rendus attrayants, l'industrie sera obligée d'offrir à ses ouvriers des avantages bien plus considérables que ceux que nous proposons, pour les obtenir en nombre suffisant, parce que l'on préfèrera généralement alors, et de beaucoup, les travaux agricoles.

C'est dire que les professions exceptionnelles ne seront jamais imposées.

Dans la supposition de la suppression de la libre concurrence, nous croyons que le décret suivant suffirait pour réaliser l'association industrielle, telle que nous venons de la proposer.

ART. 1er.

La libre concurrence des travaux industriels est abolie.

ART. 2.

Sont déclarés travaux industriels toute fabrication, confection ou manutention de matières ou denrées, faites par des ouvriers travaillant à façon, à gages ou à salaire.

ART. 3.

Tous les travaux industriels sont classés en 3 catégories uniques, sous les titres de

1° Industrie communale,

2° Industrie générale,

3° Industrie d'exportation,

Sont compris dans la première catégorie tous les travaux opérés généralement ou habituellement pour les besoins de la commune dans laquelle ils seront exécutés, ou pour ceux des communes limitrophes;

Sont compris dans la seconde les travaux habituellement faits pour la France en général;

Dans la troisième, ceux généralement destinés à l'exportation.

Art. 4.

Les conseils municipaux seront juges de la première industrie ;

Les conseils généraux de département seront juges de la deuxième ;

Un conseil supérieur, permanent et salarié, sera juge de la troisième.

Art. 5.

Les membres du conseil supérieur seront élus pour 5 ans par les industriels et les commerçants des départements, et seront indéfiniment rééligibles : leur nombre et leur traitement, seront déterminés par un décret.

Art. 6.

Dans le délai d'un mois à partir de la promulgation du présent décret, tout fabricant ou confectionnaire sera tenu de déposer à la mairie de sa commune une déclaration contenant

1° La désignation de ses travaux annuels;

2° Leur importance en quantités ;

3° Leur prix de revient ;

4° Leur prix de vente ;

5° Le chiffre du capital employé dans son industrie ;

6° Le nombre de machines et métiers de toute sorte qu'il emploie ;

7° L'état nominatif de ses ouvriers et ouvrières ;

8° Le salaire annuel de chacun à façon, à gages ou à journée, pour 300 journées de travail.

ART. 7.

Tout fabricant ou confectionnaire, cette déclaration faite, ne pourra plus accroître ni réduire le nombre de ses ouvriers, ni modifier leur salaire, sans l'autorisation du conseil chargé de réglementer son industrie.

ART. 8.

Nul ne pourra s'établir fabricant ou confectionnaire s'il n'y est autorisé

Par le conseil municipal, s'il désire établir une industrie communale;

Par le conseil général, s'il désire établir une industrie générale;

Par le conseil supérieur, s'il désire établir une industrie d'exportation;

Et s'il ne justifie de la possession ou de la libre disposition des capitaux nécessaires à l'établissement de son industrie.

ART. 9.

Au cas d'autorisation, les conseils détermineront les localités où devront être établis les travaux industriels, le nombre d'ouvriers que les concessionnaires devront occuper.

ART. 10.

Un mois après la promulgation du présent décret, les conseils municipaux se réuniront aux chefs-lieux de leurs communes, et y procéderont à l'organisation des associations industrielles, comme suit :

Art. 11.

Chaque conseil établira d'abord par nature de profession et par ordre alphabétique, l'état nominatif de tous les ouvriers industriels exerçant dans la commune, et celui de leurs femmes et de leurs enfants.

Il formera ensuite des associations composées de 15 à 30 familles, ou de 60 à 120 individus, hommes, femmes et enfants, de tous ceux appartenant à la première catégorie dite communale.

Il transmettra au préfet du département les déclarations relatives aux ouvriers appartenant à l'industrie générale ou d'exportation, et l'état nominatif de leurs femmes et leurs enfants.

Art. 12.

Un mois après la réunion des conseils municipaux, les conseils généraux se réuniront également et procéderont à l'organisation et au classement des ouvriers appartenant à l'industrie générale, ainsi qu'il vient d'être dit pour les conseils municipaux.

Ils transmettront au ministre du commerce et de l'industrie tous les documents relatifs à ces ouvriers et à ceux travaillant pour l'exportation.

Art. 13.

Un mois après la réunion des conseils généraux,

le ministre du commerce et de l'industrie convoquera le conseil supérieur : ce conseil organisera les associations industrielles pour l'exportation, comme il est dit pour les autres conseils.

Il déterminera le mode de comptabilité de toutes les associations industrielles et les formules, livres ou états nécessaires à ce sujet, afin que la comptabilité soit uniformément tenue dans toutes les associations de cette nature.

Art. 14.

Toutes les associations seront formées par spécialité de profession, toutes les fois que le nombre des industriels le permettra ; elles seront formées à défaut d'industriels appartenant à diverses professions.

Art. 15.

Les conseils procureront, à titre de location, aux associations ainsi formées, les locaux nécessaires à la pratique de la vie commune quant à la nourriture et aux travaux qui pourront être faits sans déplacement. Chaque famille aura son logement particulier et indépendant de tous les autres; ce logement sera fourni autant que possible dans les bâtiments consacrés à la nourriture et au travail, et, à défaut, dans les bâtiments les plus rapprochés.

Les conseils feront en outre aux associations l'avance du mobilier et des instruments nécessaires à leurs travaux.

Ces avances seront faites aux frais de la commune pour les industriels de la première catégorie, aux frais du département pour ceux de la seconde, aux frais de l'État pour ceux de la troisième.

Elles seront remboursables en dix ans et par dixième d'année en année, l'intérêt en sera payé à raison de 4 p. 0/0 l'an.

ART. 16.

Les conseils municipaux détermineront annuellement le nombre des ouvriers industriels de la première catégorie nécessaires à leurs communes.

Le conseil supérieur déterminera celui des ouvriers de la deuxième et de la troisième catégorie nécessaires à l'industrie générale et à celle d'exportation, et les localités où ils devront être établis.

Le nombre existant sera en conséquence réduit par extinction s'il est supérieur à celui fixé, accru par élection s'il est inférieur.

ART. 17.

Chaque conseil tarifera toutes les façons, main-d'œuvre ou confectionnement des associations de son ressort, selon les règles suivantes :

Il évaluera d'abord la dépense des associations selon les usages locaux pour les ouvriers à gages ou à salaire; il supputera ensuite la quantité de tra-

travaux qu'elles pourront faire en 300 journées de travail ; il déterminera le prix à payer pour ces travaux, afin de retrouver la somme nécessaire à la dépense. Ces prix, accrus de moitié, formeront les tarifs des associations, de telle sorte que leur bénéfice devra être égal à la moitié de la somme nécessaire à leurs premiers besoins.

ART. 18.

Les conseils tariferont aussi annuellement tous les produits industriels destinés à la vente ; ils en détermineront le prix au lieu de fabrique, en ajoutant un maximum de 5 p. 0/0 au prix de revient vérifié et constaté par eux, de telle sorte que les bénéfices alloués aux fabricants ou à la marchandise soient de 5 0/0 net au plus déduction faite de tous frais.

ART. 19.

Les associations ouvrières pourront de droit fabriquer et confectionner pour leur propre compte, lorsqu'elles auront les ressources nécessaires pour le faire, et elles jouiront dans ce cas en sus des bénéfices de la main-d'œuvre, des bénéfices alloués aux fabricants ou à la marchandise.

ART. 20.

Chaque associé cèdera à l'association son mobilier industriel ou instruments de travail, au prix d'une estimation contradictoire ; dès que l'association en aura effectué le paiement, tous ces objets deviendront sa propriété commune.

Art. 21.

Tous les meubles et immeubles, tous les instruments de travail et toutes les marchandises appartenant à la communauté formeront le capital de l'association, et seront le gage de ses obligations collectives.

Art. 22.

Tous les associés majeurs des deux sexes jouiront des mêmes droits électifs d'association.

Chaque association élira

1 chef,

1 instituteur-comptable,

3 conseillers,

Qui réunis formeront le conseil de l'association composé de 5 membres.

Il sera procédé à la réélection du chef et de l'instituteur-comptable tous les trois ans, à celle des conseillers tous les ans.

Ils seront tous indéfiniment rééligibles.

Art. 23.

Le conseil de l'association y assignera à chacun son travail, sa tâche, sa place; il fixera la durée du travail obligatoire qui sera la même pour tous les membres de l'association adultes et valides, y compris les élus.

Il déterminera la composition du régime alimentaire commun et de tous les autres besoins indispensables, selon l'usage local pour les travailleurs à gages ou à salaire ; il opérera la répartition des bénéfices disponibles entre les associés non élus, *à chacun selon son mérite.*

Il proposera l'admission de tous membres nouveaux qu'il jugera nécessaires ou utiles à l'association, dans les limites fixées par le conseil chargé de déterminer leur nombre ; il proposera l'exclusion de tous ceux qu'il jugera nuisibles ; nul cependant ne pourra être exclu pour cause d'âge, d'infirmités ou de maladie, l'association sera au contraire tenu de fournir à ceux qui se trouveront dans ce cas tous les soins que nécessitera leur position.

Le conseil décidera encore de tous achats, de toutes transactions à faire pour le compte de l'association.

Il dirigera enfin tous les détails de l'association en bon père de famille.

Le chef assurera toute exécution.

L'instituteur-comptable apprendra à lire, à écrire et compter à tous les enfants de l'association ; il tiendra la comptabilité de l'association selon le mode prescrit par le conseil supérieur pour les associations industrielles.

Art. 24.

Toute admission devra pour être valable être

5	*Report :*	21	
Aux 10 meilleurs travailleurs, chacun 2 p. 0/0. . . .		20	»
Aux 15 meilleurs ensuite, chacun 1 1/2 p. 0/0. . .		22 1/2	»
Aux 20 meilleurs après, chacun 1 p. 0/0		20	»
Aux 25 suivants, chacun 1/2 p. 0/0.		12 1/2	»
A 25 enfants au-dessous de 10 ans ou autres, ayant fait peu de chose, gratification.		4	»
100		100	

Art. 29.

Chaque famille aura son logement particulier distinct et séparé de tous les autres; mais il ne sera fait qu'un régime alimentaire commun pour toutes les familles.

Le chef et l'instituteur-comptable pourront seuls pratiquer la vie privée avec leurs familles quant au régime alimentaire, s'ils le préfèrent; il leur sera remis dans ce cas la valeur représentative de leur dépense personnelle dans la vie commune. Cette faculté néanmoins ne pourra point s'étendre à plus du 1/12me de tous les membres de l'association.

ART. 30.

L'association sera tenue de faire assurer tous les risques prévus et pour lesquels il existera des assurances.

Elle sera également tenue de former en bons titres, valeurs ou espèces, une réserve égale à ses premiers besoins d'une année, selon le mode prescrit par l'art. 27.

ART. 31.

La durée de l'association industrielle est indéfinie ; elle ne pourra être dissoute que pour cause de déconfiture ou par la volonté des 2/3 au moins de ses membres majeurs.

Dans le cas d'une dissolution il sera procédé à sa liquidation selon les formes ordinaires, et la répartition du fonds de réserve ou capital sera faite, s'il y a lieu, conformément et proportionnellement à la dernière répartition des bénéfices.

Nous avons raisonné jusqu'ici dans la supposition de la suppression de la libre concurrence, que l'on peut ne point vouloir supprimer. Voyons maintenant ce qu'il est possible de faire tant quelle sera maintenue.

votée par la majorité absolue de tous les associés ayant le droit de voter ; toute exclusion devra être prononcée par les 2/3 au moins des mêmes suffrages.

Les nouveaux membres seront admis dans l'association aux mêmes conditions et sur le même pied que tous les autres.

Les membres qui cesseront de faire partie de l'association, par suite d'exclusion, par retraite volontaire ou autrement, perdront tous leurs droits à la propriété commune.

Les héritiers ou ayant-cause des décédés ne pourront rien revendiquer de ces mêmes droits qui demeureront acquis à l'association.

Art. 25.

L'association ne pourra employer à ses travaux des ouvriers à gages ou à salaire ; au cas d'insuffisance de sa population, elle sera tenue de prendre de nouveaux associés, et de préférence dans d'autres associations de même nature qui auraient une exubérance de population.

Art. 26.

Tous les produits du travail obligatoire seront mis en commun pour subvenir à tous les premiers besoins et aux charges communes de l'association ; ces besoins et ces charges satisfaits, l'excédant ou ou bénéfice sera réparti comme il est dit aux articles 27 et 28 ci-après :

Art. 27.

On prélèvera d'abord sur les bénéfices le remboursement prescrit par l'art. 15 ; le reste, lorsqu'il ne dépassera pas la moitié de la somme nécessaire aux premiers besoins, sera réparti entre les travailleurs.

Lorsque les bénéfices s'élèveront au-dessus de cette moitié, tout l'excédant sera appliqué à la réserve jusqu'à concurrence de ce qui sera nécessaire pour la compléter : la réserve étant complète, le conseil de l'association aura la faculté d'appliquer cet excédant à un accroissement des meubles, immeubles ou marchandises destinés à l'industrie commune, ou de le répartir à titre de bénéfices.

Lorsque les bénéfices ne s'élèveront pas à une somme égale au 1/4 des premiers besoins, on prélèvera sur la réserve de quoi parfaire ce 1/4, sauf à recompléter celle-ci lorsque les bénéfices le permettront.

Art. 28.

Les bénéfices à partager seront répartis dans les proportions suivantes par 100 individus associés :

Au chef de l'association.....	7	p. 0/0.
A l'instituteur-comptable....	5	»
A 3 conseil., chac. 3 p. 0/0..	9	»
5	*A reporter :*	21

pour sa part aux frais d'entretien d'un enfant, et ce sera beaucoup. A Paris même, ce frais, dans une association organisée selon nos principes, ne saurait être évalué à plus de 75 c. par jour.

C'est donc 75 cent. par jour que l'ouvrier célibataire perdra de son salaire dans l'association.

Mais cet ouvrier, qui gagne en moyenne à Paris 3 fr. par jour, en dépense bien 2 au moins pour son logement, sa nourriture, son blanchissage, son chauffage, son éclairage.

Tout cela coûtera 1 fr. 25 c. au plus à l'association et en très bonne qualité; celle-ci gagnera donc en réalité les 75 centimes nécessaires aux besoins de l'enfant, et l'ouvrier célibataire y gagnera lui-même d'être mieux logé, mieux nourri, mieux soigné, pour le même prix. Ce n'est pas tout : une maladie de quelques semaines, de quelques mois, peut jeter cet ouvrier vivant isolément, dans la misère. Dans l'association, au contraire, il recevra tous les soins nécessaires sans qu'il lui en coûte rien, et aussitôt guéri il retrouvera tout son bien-être.

Et puis, la fraternité serait-elle un vain mot, et la société doit-elle des faveurs à ceux qui renieraient cette obligation sainte?

Que le célibataire repousse l'association des familles, s'il le veut; mais qu'il ne vienne point après solliciter les faveurs de la grande famille de la société qui le repousserait à son tour.

Voici maintenant comment peut être fait l'essai de nos associations industrielles, sous le régime de la libre concurrence.

Dans les campagnes, les ouvriers industriels sont trop disséminés pour pouvoir se former en associations particulières, ils pourront là se réunir aux associations agricoles.

Dans les petites villes, les ouvriers industriels se composent en général de maçons, charpentiers, menuisiers, forgerons, serruriers, tailleurs, cordonniers, et quelques autres; ils sont en trop petit nombre pour pouvoir se former en associations spéciales. Mais ils peuvent parfaitement se réunir en une ou plusieurs associations de familles, composées de diverses professions, ainsi que nous l'avons dit en supposant la suppression de la libre concurrence. Ils devront seulement, la libre concurrence étant maintenue, s'associer d'abord avec les ressources qu'ils possèdent déjà.

Supposons 15 à 30 familles, soit 60 à 120 individus, appartenant aux diverses professions énumérées ou autres, qui veuillent s'associer aux conditions générales que nous avons posées.

Ils devront d'abord louer un local, une ou plusieurs maisons, qui puissent fournir un logement particulier, modeste et convenable, à chaque famille; une cuisine et dépendances qui puissent suffire aux besoins de l'association; un atelier pour les ouvriers

Déjà l'État est entré dans la voie de l'association en accordant des subventions à titre de prêt à plusieurs sociétés ouvrières qui fonctionnent principalement à Paris; d'autres associations se sont également formées sans subvention.

Mais ces sociétés insuffisantes, d'abord, parce qu'elles sont composées d'individus isolés et non de familles; ensuite, parce qu'on ne leur a point imposé ni l'assurance, ni la réserve, ni règles fixes, ne pourraient avoir qu'un résultat, celui d'accroître quelque peu le salaire des individus qui en font partie, et qui devraient profiter des bénéfices que fesaient leurs maîtres.

Mais ce résultat même n'a point été obtenu et ne le sera point, parce que par suite de la libre concurrence ces associations ont déjà baissé ou baisseront leurs prix de main-d'œuvre, au point de ne gagner que ce qu'elles gagnaient en travaillant pour des maîtres, et cela dans le vain espoir de s'assurer un travail constant : les ouvriers qui n'en font point partie baisseront aussi leurs prix quelque peu pour soutenir la concurrence des associations, et celles-ci n'auront pour résultat qu'un nouvel avilissement du prix de la main-d'œuvre.

Nous ne craignons donc pas de dire que ces sociétés ne sont pas nées viables et qu'elles ne remédieront à rien; car dans leur sein même nous aurons des célibataires gagnant peut-être 10 fr. par jour, des pères de famille gagnant peut-être 1 fr. 50 c., et, hors de leur sein, beaucoup d'ouvriers sans ouvrage.

Pour qu'elles pussent vivre, il faudrait qu'elles fussent composées de célibataires et de bons ouvriers seulement; mais alors elles seraient dans le cas de toutes nos sociétés commerciales vicieuses, une rare exception, un mal au lieu d'un bien, humanitairement parlant, car elles empireraient la condition des autres ouvriers leurs frères, qui n'en pourraient point faire partie.

Rationnellement, moralement, il faut que le travail fournisse aux besoins de toutes les familles des travailleurs, et cela est impossible sans l'association des familles.

Et que l'on ne croie pas que les travailleurs qui même n'auront point de famille, perdent quelque chose à cette association.

L'économie de la vie commune, le travail de 20 femmes sur 25, compenseront et au-delà la part contributive des célibataires dans la dépense commune.

D'abord tous les adultes, et les femmes comme les hommes, produiront un peu plus que leur nécessaire dans l'association : reste les enfants en bas âge qui ne produiront rien et aux besoins desquels il sera pourvu aux frais de l'association tout entière.

Mettons que le travailleur célibataire contribue

Nous ne terminerons pas sans parler des mécaniques que quelques ouvriers considèrent encore comme funestes pour les travailleurs; ils ne comprennent pas qu'elles sont l'œuvre la plus utile du génie de l'homme, la main agissante de Dieu sur la terre, puisqu'elles viennent soulager les travailleurs.

L'industrie par elle seule ne produit rien qui puisse faire subsister les hommes, c'est l'agriculture seule qui les nourrit. Enlever des bras à l'agriculture c'est lui enlever toujours des produits utiles que ces bras ne peuvent ailleurs ni remplacer ni suppléer.

Les mécaniques donc qui suppléent au travail des hommes sont une richesse infinie, destinées à assurer leur bien-être sans aucun travail pénible, à les rendre tous riches un jour. Il n'est besoin pour cela que de les appliquer à l'agriculture et à tous les travaux pénibles que les hommes font encore, de façon que ceux-ci n'aient plus qu'à les diriger : cela viendra.

Voici maintenant les règles qui nous paraissent devoir être appliquées à l'association industrielle, pour réaliser tout le bien possible avec la libre concurrence.

Art. 1er.

Entre les suivants :

. . . .

Il est formé une société de familles pour l'exploitation (de telle ou telle industrie), aux clauses et conditions suivantes :

ART. 2.

Chaque associé cédera à l'association son mobilier industriel ou instruments de travail aux prix d'une estimation contradictoire ; dès que l'association en aura effectué le paiement tous ces objets deviendront sa propriété commune.

ART. 3.

Tous les meubles et immeubles, tous les instruments de travail et toutes les marchandises appartenant à la communauté formeront le capital de l'association et seront le gage de ses obligations collectives.

ART. 4.

Tous les associés majeurs des deux sexes jouiront des mêmes droits électifs d'association.

Chaque association élira

1 chef,

1 instituteur-comptable,

3 conseillers,

qui réunis formeront le conseil de l'association composé de cinq membres.

Il sera procédé à la réélection du chef et de l'instituteur-comptable tous les trois ans, à celle des conseillers tous les ans ; ils seront tous indéfiniment rééligibles.

nité, *aimez-vous les uns les autres, secourez-vous les uns les autres.*

Alors seront flétries ces odieuses maximes *de chacun chez soi, chacun pour soi, de laissez faire, laissez passer,* maximes impies que l'on a osé proclamer comme expression de la sagesse.

Lorsque les associations spéciales réunies ainsi par un lien commun de solidarité seront trop nombreuses pour que la formation d'un seul comité directeur pût offrir quelques inconvénients, on pourra les subdiviser en plusieurs comités directeurs ; chaque comité directeur pourra déléguer ensuite un de ses membres pour former un comité général permanent et salarié dont chaque membre représentera plusieurs associations.

Les opérations de ce comité général seront aux comités directeurs ce que ceux-ci seront aux associations, c'est-à-dire qu'ils feront la répartition du travail et de la réserve entre les comités directeurs comme ceux-ci la feront entre les associations.

De la sorte, quel que soit le nombre des associations spéciales, il sera toujours possible de les administrer selon le saint principe de la fraternité.

Nous ne parlons pas d'un lien commun de solidarité à établir entre toutes les associations industrielles de diverses professions et de diverses localités ; cela serait inutile en ce moment, cette solidarité générale étant impossible avant la réalisation première de la solidarité locale et spéciale : mais celle-ci réalisée, l'autre deviendra bien facile.

Il faut prévoir aussi les confectionnements ou la fabrication que nos associations industrielles pourraient entreprendre pour leur compte.

Cela ne doit rien changer à leur organisation, et lorsqu'elles pourront confectionner ou fabriquer avantageusement pour leur compte, soit parce qu'elles auront les avances nécessaires, soit parce qu'elles auront assez de crédit pour y suppléer, elles le feront. Nous devons même prévoir qu'avec de la sagesse, de l'ordre et de l'économie, nos associations industrielles se substitueront peu à peu aux confectionnaires et fabricants isolés, car elles auront plus de crédit que ces confectionnaires et fabricants, si elles savent ne point en abuser, si elles savent comme nous l'avons dit, conduire leurs affaires avec économie, prudence et sagesse.

L'association des familles, en offrant donc aux ouvriers industriels une position immédiatement meilleure, leur offre encore la presque certitude de devenir de véritables fabricants et commerçants aisés, riches même, et cela avec un travail modéré, avec l'indépendance et la liberté.

Mais, pour atteindre ce but, il faut bannir de son cœur toutes les viles passions humaines, il faut avoir de la sobriété, de la bonté; du courage, de la patience, de la persévérance.

ront mieux faire et vivre à meilleur marché qu'eux ; elles détruiront au contraire cette concurrence dès qu'elles auront pu se généraliser, suffire aux besoins des localités où elles seront établies, si elles sont bien administrées. Avec de l'ordre et de l'économie, elles arriveront nécessairement ensuite à se procurer tout ce qui leur sera nécessaire, pour n'avoir plus à travailler que pour leur propre compte.

Ce que nous venons de dire des associations communales formées d'industriels appartenant à diverses professions, s'applique généralement aussi aux associations spéciales qui pourront se former dans les grandes villes, pour les grandes fabrications. Seulement, toutes les fois qu'il y aura dans une localité plusieurs associations d'une même spécialité, il sera indispensable de les réunir par un lien commun de solidarité, afin d'éviter toute concurrence entre elles, afin de pouvoir mettre ainsi en pratique le saint principe de la fraternité, afin d'assurer à tous au moins le nécessaire.

Prenons Paris pour exemple et l'une des professions les plus nombreuses, les ouvriers tailleurs :

En supposant une seule association établie, elle devra suivre, comme on dit, le torrent, accepter les prix usuels de main-d'œuvre, tâcher de se procurer l'ouvrage nécessaire, et, si les ouvriers isolés peuvent vivre, ceux de l'association le pourront bien mieux encore, puisqu'ils jouiront de l'immense économie de la vie commune.

Supposons plusieurs associations établies; elles pourraient se faire concurrence entre elles, et une concurrence pire encore que celle des ouvriers isolés, parce qu'elles pourraient vivre à moins de frais. Il y a un moyen fort simple de l'éviter; c'est que toutes les associations d'une même spécialité se réunissent par un lien commun de solidarité pour la répartition du travail et de la réserve : elles le peuvent en constituant une direction commune pour ces deux objets, par l'organe de leurs chefs respectifs. Ces chefs peuvent se réunir chaque jour ou à des époques périodiques rapprochées, en comité directeur. Chacun, au sein du comité et à chaque réunion périodique, pourra exposer les besoins et les ressources de son association. Pour le travail, si une ou plusieurs associations en manquent, que d'autres en aient surabondamment, on en prendra à celles-ci pour en donner à celles-là, de façon à ce que toutes les associations en aient à peu près également.

La réserve sera commune à toutes les associations, et le comité directeur en disposera selon les besoins de chacune.

Ainsi, toutes les associations d'une même spécialité, n'en formeront en quelque sorte qu'une seule, elles ne demeureront individuelles que comme membres d'un même tout.

Alors s'accomplira ce saint principe de la frater-

qui peuvent travailler chez eux, tels que les tailleurs et les cordonniers. Le mobilier nécessaire à ces deux industries est peu de chose, et, si les ouvriers leur appartenant ne le possèdent déjà, l'association devra le leur fournir, ce qui sera facile en réunissant les ressources de tous ses membres : de la sorte, ces ouvriers pourront travailler non seulement pour les maîtres tailleurs et cordonniers, mais encore pour les particuliers, ce qui sera beaucoup plus avantageux à l'association que de ne travailler que pour des maîtres.

Il faudra aussi un atelier pour les femmes qui, comme les tailleurs et les cordonniers, travailleront à façon pour le dehors soit à la couture, soit à d'autres objets.

Quant aux maçons, ils ne pourront évidemment travailler au sein de l'association; mais il sera néanmoins convenable de leur fournir, s'ils ne les possèdent déjà, quelques instruments de travail de première nécessité, afin qu'ils puissent prendre à façon quelques réparations à faire, quelques petits travaux. A défaut de travail qu'ils puissent faire ainsi pour le compte de l'association et à forfait, ils iront travailler à journée ou à façon pour des maîtres.

Quant aux professions de menuisier et serrurier, le mobilier industriel est trop considérable pour que les associations puissent se le procurer dès le début : les ouvriers de cette catégorie seront donc obligés de continuer à aller travailler en journée, comme ils le font. Mais tout le produit de leur travail sera versé dans la caisse de l'association qui fournira à tous leurs besoins ainsi qu'à ceux de leurs familles.

Évidemment l'association constituée de la sorte réalisera toute l'économie de la vie commune, et cela seul suffira pour donner du bien-être à tous les ouvriers industriels qui voudront s'y soumettre.

Les associations qui se formeront devront, pour combattre autant qu'il est en elles la libre concurrence, n'admettre dans leur sein pour chaque profession que le nombre d'individus nécessaire aux besoins de la localité. Elles ne pourront empêcher sans doute que d'autres ouvriers non associés ne leur fassent concurrence; mais ceux appartenant aux associations seront toujours dans une position relativement plus avantageuse que ceux vivant isolément; si ceux-ci peuvent vivre du produit de leur travail, ceux pratiquant la vie commune vivront bien mieux encore : ils auront un autre avantage, celui de pouvoir faire mieux et plus vite que les ouvriers isolés, avantage qui à lui seul doit leur assurer la préférence s'ils savent en profiter, sans qu'ils aient besoin pour cela de baisser en aucune façon les prix de main-d'œuvre.

Les associations n'auront donc point à redouter la concurrence des ouvriers isolés, puisqu'elles pour-

mis en commun pour subvenir à tous les premiers besoins et aux charges de l'association ; ces besoins et ces charges satisfaits, l'excédant ou bénéfice sera réparti comme il est dit aux art. 9 et 10 ci-après :

ART. 9.

Lorsque les bénéfices s'élèveront au-dessus de la moitié de la somme nécessaire aux premiers besoins, tout l'excédant sera appliqué à la réserve jusqu'à concurrence de ce qui sera nécessaire pour la compléter, et la moitié restante sera répartie entre les travailleurs.

La réserve étant complète, le conseil de l'association aura la faculté d'appliquer cet excédant à un accroissement des meubles, immeubles ou marchandises destinés à l'industrie commune, ou de le répartir à titre de bénéfice.

Lorsque les bénéfices ne s'élèveront pas à une somme égale au quart des premiers besoins, on prélèvera sur la réserve de quoi parfaire ce quart, sauf à recompléter celle-ci, lorsque les bénéfices le permettront.

ART. 10.

Les bénéfices à partager seront répartis dans les proportions suivantes, par 100 individus associés :

	Au chef de l'association.....	7	p. 0/0.
	A l'instituteur-comptable....	5	»
	A 3 conseil., chac. 3 p. 0/0.	9	»
5	*A reporter*	21	»

5	*Report.*	21	»
	Aux 10 meilleurs travailleurs, chacun 2 p. 0/0....	20	»
	Aux 15 meilleurs ensuite, chacun 1 1/2 p. 0/0....	22 1/2	»
	Aux 20 meilleurs après, chacun 1 p. 0/0.......	20	»
	Aux 25 suivants, chacun 1/2 p. 0/0............	12 1/2	»
	A 25 enfants au-dessous de 10 ans ou autres, ayant fait peu de chose, gratification..............	4	»
100		100	

ART. 11.

Chaque famille aura son logement particulier distinct et séparé de tous les autres; mais il ne sera fait qu'un régime alimentaire commun pour toutes les familles.

Le chef et l'instituteur-comptable pourront seuls pratiquer la vie privée avec leurs familles, quant au régime alimentaire, s'ils le préfèrent; il leur sera remis, dans ce cas, la valeur représentative de leur dépense personnelle dans la vie commune.

Cette faculté néanmoins ne pourra point s'étendre à plus du 1/12ᵉ de tous les membres de l'association,

Art. 5.

Le conseil de l'association y assignera à chacun son travail, sa tâche, sa place; il fixera la durée du travail obligatoire qui sera la même pour tous les membres de l'association adultes et valides, y compris les élus.

Il déterminera la composition du régime alimentaire commun et de tous les autres besoins indispensables selon l'usage local pour les travailleurs à gages et à salaire; il opérera la répartition des bénéfices disponibles entre les associés non élus, *à chacun selon son mérite.*

Il proposera l'admission de tous membres nouveaux qu'il jugera nécessaires ou utiles, l'exclusion de tous ceux qu'il jugera nuisibles à l'association; nul cependant ne pourra être exclu pour cause d'âge, d'infirmités ou de maladie, l'association sera au contraire tenue de fournir à ceux qui se trouveront dans ce cas tous les soins que nécessitera leur position.

Le conseil décidera encore de toutes ventes, de tous achats, de toutes transactions à faire pour le compte de l'association.

Il dirigera enfin tous les détails de l'association en bon père de famille.

Le chef assurera toute exécution.

L'instituteur-comptable apprendra à lire, écrire et compter à tous les enfants de l'association; il tiendra la comptabilité de l'association selon le mode prescrit.

ART. 6.

Toute admission devra, pour être valable, être votée par la majorité absolue de tous les associés ayant le droit de voter; toute exclusion devra être prononcée par les deux tiers au moins des mêmes suffrages.

Les nouveaux membres seront admis dans l'association aux mêmes conditions et sur le même pied que tous les autres.

Les membres qui cesseront de faire partie de l'association, par suite d'exclusion, par retraite volontaire ou autrement, perdront tous leurs droits à la propriété commune.

Les héritiers ou ayant-cause des décédés ne pourront rien revendiquer de ces mêmes droits, qui demeureront acquis à l'association.

ART. 7.

L'association ne pourra employer à ses travaux des ouvriers à gages ou à salaire; au cas d'insuffisance de sa population, elle sera tenue de prendre de nouveaux associés et de préférence dans d'autres associations de même nature qui auraient une exubérance de population.

ART. 8.

Tous les produits du travail obligatoire seront

bien-être de tous par la prévoyance, l'ordre et l'économie.

Or la prévoyance, l'ordre et l'économie ne peuvent s'imposer à chaque famille vivant isolément, mais ils peuvent parfaitement s'imposer à une association de familles.

Cette association est donc la seule solution possible du grand problême de la suppression de la misère ; problême dont les souffrances du peuple ne permettent plus d'ajourner la solution, problême qu'il tentera de résoudre par la violence si l'on ne se hâte de le résoudre pacifiquement, problême enfin dont la solution est impossible sans l'association des familles.

Incessamment nous publierons l'Association commerciale, basée sur des règles aussi simples et aussi facilement réalisables.

ART. 12.

L'association sera tenue de faire assurer tous les risques prévus et pour lesquels il existera des assurances.

Elle sera également tenue de former en titres, valeurs ou espèces, une réserve égale à ses premiers besoins d'une année, selon le mode prescrit par l'art. 9.

ART. 13.

L'association déclare vouloir s'unir par un lien de solidarité, quant à la répartition du travail et de la réserve, à toutes les associations de même nature établies ou qui viendraient à s'établir à . . . ou dans . . . (*désigner la localité ou la division territoriale*), et qui consentiraient à accepter cette solidarité.

En conséquence, tous pouvoirs sont conférés d'avance au conseil de l'association, pour traiter de cette union, au chef pour la diriger.

ART. 14.

La durée de l'association est indéfinie; elle ne pourra être dissoute que pour cause de déconfiture ou par la volonté des deux tiers au moins de ses membres majeurs.

Dans le cas d'une dissolution, il sera procédé à sa liquidation selon les formes ordinaires, et la répartition du fonds de réserve ou capital sera faite, s'il y a lieu, conformément et proportionnellement à la dernière répartition des bénéfices.

Ces simples règles suffiront pour arracher les ouvriers à la misère, s'ils veulent les suivre, et, nous osons le dire, il n'existe aucun moyen de les y arracher sans l'association des familles.

Quelques personnes pensent cependant, que l'on peut assurer le bien-être des travailleurs sans cela, qu'un bon système de crédit pourrait suffire, qu'il suffirait de prendre à ceux qui ont trop, pour donner à ceux qui ont trop peu.

C'est là une erreur déplorable; ce sont là des principes dont l'application ne pourrait avoir pour résultat que l'anarchie et un immense accroissement de la misère publique.

Evidemment ceux auxquels on prendrait ne travailleraient point davantage pour cela, et ceux auxquels on donnerait travailleraient moins.

Or la seule et véritable richesse c'est le travail; toutes les autres sont vaines et inutiles sans lui : logerions-nous dans des palais, aurions-nous des montagnes d'or et de pierres précieuses , que nous mourrions littéralement de faim sans le travail. Il s'agit donc de le mettre à la portée de tous, de pourvoir par lui aux besoins de tous, d'assurer le

www.ingramcontent.com/pod-product-compliance
Ingram Content Group UK Ltd.
Pitfield, Milton Keynes, MK11 3LW, UK
UKHW020415230726
13925UKWH00004B/1434

9 782014 068498